Made in the USA
Las Vegas, NV
21 November 2024

12200215R00063